L'ÉMANCIPATION

PACIFIQUE

DU PEUPLE

PAR LES CITOYENS

DAVIGNON, ARNAUD & PERREL

Gérants de l'Association fraternelle égalitaire des Corporations réunies.

« Premier droit, vivre ;
« Premier devoir, travailler. »

N° 1.

Paris.

TYPOGRAPHIE BOISSEAU ET Cᵉ,

Passage du Caire, 123-124.

1849

AVANT-PROPOS.

Travailleurs, nos frères, nous laisserons-nous longtemps encore exploiter par cette féodalité industrielle, gens cupides qui s'engraissent depuis si longtemps de nos sueurs et de nos veilles, par ces intrigants financiers qui plongent à leur gré l'État, la famille et la propriété dans la gêne et la misère, et qui compromettent jusqu'à nos plus légitimes intérêts ? Non, nous ne le croyons pas, nous ne pouvons pas le croire.

Il faut enfin que la vérité triomphe, il faut que nous travailleurs, nous fassions voir à nos détracteurs que nous ne sommes pas, comme ils osent le dire, condamnés à vivre éternellement sous le joug du bon plaisir et de ce que les économistes appellent le laissez-faire, c'est-à-dire, sous le joug de l'exploitation de l'homme par l'homme.

Puisque nous sommes maintenant tout-à-fait convaincus qu'ils ne veulent faire à notre égard aucune concession, qu'ils nous ont refusé le droit de vivre en nous refusant le droit au travail, puisqu'il est bien entendu, disons-nous, que nous ne pouvons rien attendre de leur part, il faut que nous mettions en pratique le proverbe : *Aide toi le ciel t'aidera !* en un mot, il faut que nous organisions le travail démocratiquement.

A aucune autre époque, frères, la classe ouvrière n'a senti davantage le besoin de s'organiser qu'aujourd'hui. Quand la révolution de février vint à éclater comme la foudre sur les abus de notre vieille société, tous les cœurs généreux croyaient que les personnes à qui le peuple venait de confier le soin d'organiser la révolution , en proclamant la république démocratique, ne failliraient point dans l'accomplissement de leur mission.

Qu'en ont-ils fait, ces hommes, du mandat dont le peuple les avait investi ? Ont-ils accompli leur mission ? Non, soit par leur mauvais vouloir ou leur incapacité, ils ont manqué au devoir d'hommes investis des hauts pouvoirs que le peuple avait mis entre leurs mains ; au lieu de s'occuper du bonheur du peuple, ils ont compromis ses intérêts.

Au lieu de travailler au développement des principes démocratiques ils les ont aussi compromis.

C'est de ce moment-là que la réaction qui se tenait dans l'ombre, depuis l'avénement de la république, se montra au grand jour, et que les jouisseurs de toute sorte se liguèrent contre les tendances de la démocratie.

Le socialisme, l'âme vivante du parti démocratique, fut attaqué, et la réaction profita de l'igno-

rance des uns, et de la cupidité des autres, la calom-
nie et le mensonge furent les armes favorites, et
avec ces armes empoisonnées, elle blessa la masse du
peuple, les travailleurs, toujours confiants, et encore
plongés dans l'ignorance de la vérité.

Il fut donc bien facile à la réaction de remporter
une première victoire ; mais la démocratie n'en resta
pas moins debout, luttant contre l'arbitraire, et,
qu'il soit dit en passant, honneur ! honneur ! aux
hommes de dévouement qui restèrent toujours sur
la brèche armés des principes de la démocratie et
combattant de nouveau contre les abus qui auraient
dû disparaître en présence de la sainte devise : liberté, égalité, fraternité.

Puisque la société est définitivement divisée en
deux ; d'un côté les exploiteurs, de l'autre les exploités ; jetons ensemble un coup d'œil rapide sur la
position des deux camps.

Dans quelle position se trouve-t-il, le premier, le
camp des exploiteurs ?

Les chefs de ce parti vont en tout et pour tout frap-
pant à toutes les portes, afin de recruter toutes les
passions cupides intéressées au maintien de l'état
actuel des choses, et jusqu'à l'académie des sciences
qui n'a eu rien de mieux à faire que de se ranger
sous cette bannière pour combattre le socialisme.

Que fait-on pendant ce temps dans le deuxième
camp des exploités ? Les soldats de cette sainte
cause travaillent à l'affranchissement du prolétariat
en se serrant fraternellement la main et disent cou-

rage, frères, nous triompherons malgré tous les obstacles, notre mission est sainte , tôt ou tard la vérité portera la lumière dans les ténèbres où sont encore plongés grand nombre d'hommes où leurs ennemis voudraient les laisser pour toujours.

Voilà moralement la position des deux camps ; eh bien ! socialistes, soldats de la démocratie à laquelle nous avons l'honneur d'appartenir ; puisque vous voyez vos ennemis se ranger contre vous, pourquoi ne vous rangeriez-vous pas aussi pour combattre l'arbitraire par le droit dont vous êtes armés? Démocrates-socialistes, serrons nos rangs ! Sans unité on ne peut rien, avec de l'union nous pouvons tout, notre misère et notre ignorance font toute la force des réactionnaires. Organisons donc notre armée démocratique et sociale pacifiquement afin de porter par tout la lumière, dans les villes comme dans les campagnes, derniers retranchements de l'aristocratie.

C'est pour vous soumettre notre plan d'attaque que nous avons pris la liberté de mettre au jour cette petite brochure.

PLAN D'ATTAQUE.

Puisque nous venons de voir le côté moral, voyons maintenant le côté matériel. Tout bon général, avant d'entrer en campagne, doit bien connaître le terrain sur lequel il doit faire manœuvrer son armée ; voyons, par conséquent, sur quel point, nous socialistes, nous devons commencer d'attaquer les abus de l'organisation sociale actuelle.

Le terrain sur lequel nous devons combattre est, selon nous, celui de la constitution, et le point d'attaque celui de la légalité, c'est-à-dire mettre à profit les art. 8 et 13 de la Constitution.

Avec de pareilles ressources et une sage direction, notre succès est plus que certain.

1° Qui pourrait nier les avantages d'une bonne association, d'une association vraiment fraternelle, où tous les membres seraient égaux en droits et en devoirs, où tous les associés produiraient selon leurs forces et consommeraient selon leurs besoins, à l'abri de tout souci, et assurés de passer une heureuse vieillesse, entourés de parents et d'amis ;

2° Qui pourrait nier les avantages de la vie en commun, où chaque famille pourrait se procurer le nécessaire, l'utile et l'agréable.

Frères, tout ceci est pourtant on ne peut plus facile à réaliser ; le tout dépend de la bonne volonté de chacun d'entre nous, et, comme aucun système ne doit s'imposer à personne, que tout doit venir de la volonté individuelle ou nationale, nous allons vous soumettre ci-après l'avis aux démocrates-socialistes publié par la voie des journaux le 31 mai 1849, et les statuts de l'association que nous venons de former, afin que toutes les personnes qui ont au cœur l'amour de l'humanité puissent participer à résoudre ce grand problème de régénération sociale

AUX DÉMOCRATES-SOCIALISTES.

AVIS.

Vu le désir de tous les démocrates-socialistes qui consiste en ce que tous les systèmes sociaux puissent recevoir leur application, afin que la société tout entière puisse juger de l'efficacité de chacun d'eux ;

Attendu que des circonstances indépendantes de la bonne volonté des socialistes-icariens, ont empêché jusqu'aujourd'hui que leur système reçoive son application en France ;

Attendu que les Icariens n'ont jamais eu la prétention d'imposer leurs doctrines à personne comme ont voulu le faire croire toutes les calomnies répandues contre eux et le vénérable citoyen Cabet ;

Attendu que les travailleurs ne doivent pas attendre pour organiser le travail que l'Etat veuille bien le faire ;

Attendu que l'art. 8 de la Constitution donne le droit à tous les citoyens de s'associer pacifiquement, les citoyens socialistes-icariens soussignés ont l'honneur de faire part à leurs frères qu'ils vont former une association égalitaire de tous les états, d'après les principes de fraternité exposés dans le *Voyage en Icarie* du citoyen Cabet.

Toutes les personnes qui voudront mettre en pratique la doctrine icarienne, pourront faire partie de cette association.

La pensée des fondateurs est d'arriver pacifiquement et par l'exemple, à la réalisation du principe divin de la fraternité proclamé par le Christ qui, pour chacun, ne saurait être un vain mot. C'est pourquoi que, conséquents avec leurs principes, les fondateurs de l'association ont l'intention d'inaugurer leur œuvre par la création de maisons d'asile pour les personnes sans moyen d'existence. Tout le monde comprendra, nous l'espérons, toute l'importance de cette association. Elle a pour but unique la suppression de la misère par l'association pacifique et volontaire de toutes les corporations réunies en une seule association, où tous les membres seraient égaux en droits et en devoirs.

Pour arriver à notre but, nous nous proposons d'ouvrir une souscription permanente hebdomadaire de 5 c. par souscripteur. Ceci est une œuvre d'humanité en même temps que la solution d'un problème social : nous espérons que notre appel sera entendu par tous les démocrates-socialistes.

Salut et fraternité.

Les fondateurs.

Entre les citoyens sous-nommés, il a été convenu ce qui suit :

PRÉAMBULE.

Art. 1er. En présence de Dieu et des hommes, au nom de l'humanité, les démocrates-socialistes forment entre eux une association fraternelle égalitaire.

Art. 2. Elle a pour but unique la suppression de la misère par l'association pacifique et volontaire de de toutes les personnes des deux sexes qui voudront mettre en pratique la vraie fraternité, et prendre pour conséquences que chacun doit produire selon ses forces et consommer selon ses besoins, loi reconnue par la nature.

Art. 3. Elle a pour principes la liberté, l'égalité, la fraternité, la solidarité et l'unité.

Art. 4. Elle a pour bases la famille, le travail, la propriété sociale, collective et indivisible.

Art. 5. Sa formule est celle du Christ : *Fais à autrui ce que tu voudrais qu'il te fût fait.*

Art. 6. En vue de l'accomplissement de tous les devoirs que l'humanité impose, et pour arriver à garantir les moyens d'existence à tous les êtres humains, les fondateurs de ladite association ont de concert arrêté les présents statuts, en suivant la ligne de conduite tracée par la nouvelle Constitution.

TITRE 1er. (FORME.)

Art. 1er. Il est formé par la présente une associa-

tion commerciale, industrielle, fraternelle, égalitaire et non collective, entre les citoyens :

Davignon (Adolphe), tailleur, natif de Tournay
(Belgique), demeurant à Paris, rue des Grands-Au-
gustins, 10 ;

Arnaud (Alexandre), tailleur, natif de Montmeyon
(Var), demeurant à Paris, rue des Carmes, 11 ;

Perrel (François), tisseur, natif de Lyon (Rhône),
demeurant à Paris, rue du Faub.-Poissonnière, 55 ;

Boisson (Pierre-Armand), ébéniste, natif de Lyon
(Rhône), demeurant à La Chapelle-Saint-Denis, rue
des Couronnes, 9 ;

Duchiron (Barthélemy), charpentier, natif de
Fressine (Creuse), demeurant à Paris, rue du Cher-
che-Midi, 128 ;

Kraft (Frédéric), passementier, natif d'Alzez
(Allemagne), demeurant à La Chapelle-Saint-Denis,
rue de la Tournelle, 15 ;

Comparants, et les personnes qui adhreront aux
présents statuts.

Art. 2. *Siège.* Son siège est à Paris, impasse des
Couronnes, Chapelle-Saint-Denis, 6 et 8, premier
établissement de l'association.

Art. 3. *Durée.* Sa durée virtuelle est perpetuelle,
mais quant à présent, conformément à la loi, elle est
fixée à quatre-vingt-dix-neuf années.

Art. 4. *Titre.* Elle prend pour titre : *Association
fraternelle égalitaire des Corporations réunies.*

Art. 5. *But.* La pensée des fondateurs se résume
dans le simple fait d'arriver pacifiquement et par

l'exemple à la réalisation du principe divin de la fraternité, qui ne saurait être un vain mot pour chacun.

TITRE 2. (CAPITAL DE FONDATION.)

Art. 6. Le chiffre du capital de fondation est illimité ; ledit sera fourni par l'apport social de chaque sociétaire, par les souscriptions et les dons provenant des personnes qui voudront aider à résoudre ce problème social de communauté.

TITRE 3. (ORGANISATION DE LA SOCIÉTÉ.)

Art. 7. La simple adhésion aux statuts de la société ne suffira pas pour en faire partie ; en conséquence, le conseil de gérance, après avoir pris avis du conseil de famille, admettra provisoirement les adhérents qui se présenteront, mais ils ne pourront être définitivement reçus qu'en assemblée générale à la majorité des deux-tiers des voix.

Art. 8. Tout sociétaire pourra également être exclu de la société, quelque soit le temps qu'il y aura fonctionné ; son exclusion lui sera signifiée par le conseil de gérance, après condamnation par le conseil de famille ; néanmoins, le sociétaire conservera son droit d'appel en conseil général.

TITRE 4. (GÉRANCE.)

Art. 9. Il sera nommé par les sociétaires, à la pluralité des suffrages, un conseil de gérance.

Art. 10. Le conseil sera composé de trois membres ; chaque membre sera chargé d'une branche spéciale d'administration :

1° Les achats et les ventes ; 2° la direction du travail ; 3° le contentieux.

Art. 11. Ils auront tous la signature sociale.

Art. 12. Chaque membre dudit conseil sera révocable à volonté par les sociétaires. Néamoins, ils seront nommés pour le temps et la durée d'un an, et indéfiniment rééligibles. Ils feront tous acte d'administration permis par la loi, et ne devront compte de leur gestion qu'au conseil de surveillance, lequel pourra, quand il voudra, réunir les associés en assemblée générale.

TITRE 5. (CONSEIL DE SURVEILLANCE).

Art. 13. Le conseil de surveillance sera pris parmi les sociétaires et formé d'un nombre impair de membres ; ses fonctions seront la surveillance du conseil de gérance, il ne pourra faire aucun acte de gérance, mais son devoir sera de les contrôler tous.

TITRE 6. (CONSEIL DE FAMILLE).

Art. 14. Le conseil de famille sera pris parmi les sociétaires et formé d'un nombre impair de membres ; ses fonctions consisteront à faire exécuter le règlement intérieur.

TITRE 7. (ASSEMBLÉES GÉNÉRALES).

Art. 15. Tous les mois il y aura réunion générale des sociétaires pour traiter les questions relatives à la société, mais ladite assemblée ne pourra en aucun cas faire acte de gérance.

Art. 16. En dehors des assemblées générales, il pourra y avoir des réunions ayant les mêmes droits toutes les fois que la majorité du conseil de surveillance se sera entendue pour une convocation; la minorité des différents conseils n'a pas ce droit, mais en cas de démission d'un ou plusieurs membres, la société devra immédiatement se réunir pour procéder à son ou à leurs remplacements.

Art. 17. Toute convocation faite par la minorité des membres sera nulle de plein droit.

Art. 18. Toutes les fois que le conseil de gérance le désirera, il convoquera les associés en assemblée générale, et tous les sociétaires seront tenus de s'y rendre.

Art. 19. A chaque assemblée ou réunion, les sociétaires nommeront, à la pluralité des voix, un directeur des débats, un secrétaire et deux scrutateurs; un procès-verbal sera dressé et lu à la fin de chaque séance, et soumis à l'acceptation de l'assemblée.

TITRE 8. (COMPTABILITÉ).

Art. 20. Il y aura un comptable, un teneur de livres et un caissier.

TITRE 9. (DIRECTION).

ART. 21. Par chaque grande direction générale de travail exécutée par la société, il y aura un directeur chargé spécialement des travaux particuliers à chaque division, les directeurs seront nommés par leurs divisions respectives et leurs nominations devront être approuvées par le conseil de gérance.

TITRE 10. (DROITS ET DEVOIRS DES ASSOCIÉS).

ART. 22. Les devoirs généraux se renferment dans le seul engagement que chaque sociétaire doit mettre à la disposition de la société toutes ses forces tant intellectuelles que pécuniaires.

ART. 23. Les devoirs spéciaux se trouvent relatés au règlement intérieur de l'association.

ART. 24. Tout sociétaire exclu ne pourra réclamer à sa sortie que le montant de son apport social. Il n'aura, en aucun cas, droit aux bénéfices réalisés par l'association.

ART. 25. Chaque sociétaire à son entrée dans l'association recevra, du conseil de gérance, un reçu de son apport social pour lui servir de pièces justificatives, en cas de retrait ou d'exclusion.

ART. 26. Il ne pourra en aucun cas exiger le remboursement que dans le délai de six mois.

TITRE 11. (CONTINUATION DE LA SOCIETÉ).

ART. 27. La société se continuera par la simple

publication à nouveau de son acte constitutif en se conformant aux prescriptions de la loi.

TITRE 12.

ART. 28. Dans le cas de la dissolution de la société, il sera procédé à sa liquidation par le conseil de gérence à moins que l'assemblée genérale n'en ordonne autrement.

ART. 29. Les héritiers ou ayant-cause des sociétaires ne pourront interrompre la marche de l'association, il seront soumis aux conséquences des articles 24, 25 et 26 de la présente.

TITRE 13.

ART. 30. la raison sociale sera jusqu'à nouvel ordre :

DAVIGNON, ARNAUD, PENEL ET **C**ie.

Fait à Paris, cejourd'hui 23 juillet 1849. Ont signé :

ARNAUD, DAVIGNON, PERREL, DUCHIRON, KRAFT, BOISSON.

Enregistré à Paris, le 23 juillet 1849.

Publié au Tribunal de Commerce et dans les trois journaux : *le Droit, la Gazette des Tribunaux,* et *les Petites Affiches.*

ARNAUD, DAVIGNON, PERREL.

9 782014 046991